Ile de Ré

Découverte nature

Texte
Hervé Roques, LPO

Avec la collaboration de
Florence Le Guillou,
Gaétan Jeanneau,
Stéphane Maisonhaute,
Yvan Perré,
Marc Thibault.

Les photographes de la LPO
Christian Aussaguel,
Alain Barathieu,
Émile Barbelette,
Patrick Chefson,
Claude Guihard,
Michel Quéral/Communimages,
Hervé Roques,
Karine Vennel,
Nicolas Vrignaud.

Dessins
Vogelbecherming
(Excepté p.29 : Hypolaïs - S. Nicolle)

Cartographie
Patrick Mérienne

Cet ouvrage est dédié à la mémoire d'Hervé Robreau qui fut Conservateur de la Réserve naturelle de Lilleau des Niges de 1982 à 1999.

Éditions Ouest-France

Située sur les côtes de la Charente-Maritime, face à La Rochelle, l'île de Ré s'étend sur une longueur de 30 km entre le Pertuis* Breton et le Pertuis d'Antioche. Sa largeur varie de 5 km à moins de 100 m en certains lieux (comme au Martray). La superficie de l'île atteint 85 km² et son altitude ne dépasse pas 19 m. La population compte près de 16 000 habitants en 2001 répartis sur dix communes. L'ouverture du pont en 1988 a accru l'afflux d'une population estivale dépassant 140 000 personnes.

Un archipel dans la « mer des Pertuis »

Durant la dernière glaciation, il y a 15 000 ans, le niveau de la mer était inférieur d'une centaine de mètres. Ré n'était pas encore une île et le rivage le plus proche était situé à 150 km au large du trait de côte actuel. Dans les vallées voisines du plateau calcaire qui deviendra l'île de Ré, s'étendaient forêts et marécages où vivaient des animaux aujourd'hui disparus. Ainsi, des restes de mammouth et d'aurochs, l'ancêtre sauvage de nos vaches domestiques, ont été découverts aux Portes-en-Ré. Parcourue par des chasseurs, puis occupée par des populations plus sédentaires, l'île de Ré est habitée depuis le Ve millénaire avant notre ère. Elle est séparée du continent lors de la remontée du niveau de la mer qui atteint son niveau actuel il y a environ 5 000 ans. De l'avancée de la plaine d'Aunis, seuls subsistent quatre îlots : Les Portes, Ars, Loix et Ré. Peu à peu, les apports de sable et d'alluvions par les courants marins, puis l'endiguement pour l'essor des marais salants autour du Fier* d'Ars forment les rivages actuels de l'île de Ré.

H. Roques

▲ Les falaises calcaires des Heurtaux, à La Flotte-en-Ré, atteignent 3 à 4 mètres de haut.

Une nature diversifiée

A. Barathieu

Vue des Portes-en-Ré et de la Réserve naturelle de Lilleau des Niges à marée basse.

Placée sous l'influence des vents d'ouest porteurs de douceur et d'humidité, baignée par les eaux relativement chaudes du Gulf Stream, l'île de Ré jouit de conditions climatiques privilégiées. Les hivers sont doux, il gèle peu et la neige est rare.

Certains aspects de la faune et de la flore traduisent bien l'influence méridionale de l'île de Ré et de cette région que les géographes surnomment le Midi atlantique.

Malgré une apparente uniformité paysagère, la nature rétaise, façonnée par l'homme au cours des siècles, recèle de grandes richesses. Marais salants du Fier d'Ars, côtes sableuses et rocheuses, vasières, dunes, boisements et landes, cultures, villages et leurs abords hébergent une faune et une flore variées, où les oiseaux sont omniprésents. Qu'elles soient sédentaires, hivernantes ou migratrices de passage, plus de 300 espèces d'oiseaux (soit près de la moitié des espèces recensées en Europe) ont été observées sur Ré.

Trait d'union indispensable entre l'Arctique et l'Afrique, Ré est située sur la grande voie atlantique de migration. Pour quelques heures ou quelques jours, des centaines de milliers d'oiseaux y font escale chaque année, s'y nourrissant pour accumuler des réserves de graisse, carburant indispensable pour le voyage, avant d'affronter océan, déserts ou montagnes.

C'est une balade à travers les principaux paysages de l'île de Ré et une rencontre avec quelques-uns de leurs habitants les plus remarquables qui vous est proposée par la LPO dans cet ouvrage.

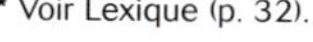

* Voir Lexique (p. 32).

Code de bonne conduite

Afin de profiter pleinement de la beauté et des richesses naturelles de l'île de Ré, il convient de veiller au respect des lieux, notamment :

- **rester sur les chemins et respecter les propriétés privées ;**
- **ne pas déranger la faune, notamment les oiseaux en période de nidification et sur les lieux d'alimentation ;**
- **ne pas cueillir ni piétiner la flore, notamment sur les dunes ;**
- **tenir les chiens en laisse ;**
- **ne pas jeter de détritus.**

Dans tous les cas, conformez-vous aux réglementations en vigueur. Merci.

En hiver, plus de 40 000 oiseaux d'eau fréquentent l'île de Ré et notamment le Fier d'Ars (ici des Bernaches cravants et des Barges à queue noire).

LÉGENDE

L : Longueur ; **P** : Poids ; **E** : Envergure

Marais salants

Fils du soleil et du vent, le sel fut longtemps le moteur de la vie économique, démographique et sociale insulaire. Les endiguements successifs des marais maritimes du Fier vont permettre l'essor des salines à partir du xve siècle. Au milieu du xixe siècle, les marais salants s'étendent sur 1 500 ha. Après une longue période de récession, la récolte du sel connaît un renouveau certain et les sauniers* exploitent aujourd'hui 350 ha de marais.

Les marais salants constituent de véritables réservoirs biologiques. Cette richesse repose sur les apports d'eau de mer sans cesse renouvelée. Ils favorisent le développement des invertébrés aquatiques qui attirent à leur tour de nombreux oiseaux.

H. Roques

La récolte du sel.

ITINÉRAIRE DE DÉCOUVERTE

LA RÉSERVE NATURELLE DE LILLEAU DES NIGES *(Les Portes-en-Ré)*

Créée en 1980 et gérée par la Ligue pour la Protection des Oiseaux, en collaboration avec l'Association de Sauvegarde des Sites des Portes-en-Ré, la Réserve naturelle couvre une superficie de 150 ha. Deux milieux caractéristiques se rencontrent sur la réserve : d'anciens marais salants entourés de *bosses** herbeuses pâturées par des moutons écossais sur le domaine terrestre et une succession de prés salés et de vasières recouverts à marée haute sur le domaine maritime. Ce site constitue un havre de tranquillité pour bon nombre d'oiseaux d'eau présents sur Ré, notamment en hiver. En raison d'une superficie restreinte, l'accès dans la réserve n'est pas autorisé mais une piste cyclable et un chemin la longent en grande partie et vous permettent d'en découvrir ses richesses.

DÉPART > Maison du Fier (route du Vieux-Port).
DISTANCE > 2 km.
CONDITIONS > Printemps/été, le matin et le soir ou à marée haute. Automne/hiver, 2 h avant et après la marée haute.

Les moutons « Scottish black face » dans la Réserve naturelle de Lilleau des Niges.

H. Roques

Lorsqu'il est immobile, le Héron cendré peut passer inaperçu.

Le Héron cendré *(Ardea cinerea)* L : 90-98 cm ; P : 1 200-1 900 g ; E : 175-195 cm

C'est le plus grand oiseau des marais rétais. Gris-bleu sur le dessus et blanc dessous, la tête et le cou sont blanchâtres striés de noir. Longues pattes. Bec en forme de harpon. En vol, il a le cou replié en « S », contrairement aux grues ou aux cigognes qui volent le cou tendu. Sexes semblables.

Souvent immobile au bord de l'eau, où il chasse à l'affût, il ne faut pas se fier à son aspect figé car il sait faire preuve d'une grande rapidité. Une brusque détente du cou aura raison d'un poisson ou d'un rongeur passant à sa portée. La proie est alors avalée, généralement encore vivante, la tête la première.

Il est plutôt solitaire dans sa recherche de nourriture mais niche en colonie dans de grands arbres (environ 88 couples nicheurs en 2000, répartis en quatre colonies), parfois en compagnie des Aigrettes garzettes. Présent toute l'année.

L'Aigrette garzette *(Egretta garzetta)* L : 55-65 cm ; P : 350-460 g ; E : 88-95 cm

Ce gracieux petit héron blanc doit son nom à l'aigrette constituée de deux longues plumes qui orne sa nuque au printemps et en été. Elle a les pattes noires qui contrastent avec ses doigts jaune vif. Sexes semblables.

Elle se nourrit en petits groupes ou isolément, principalement de crevettes et de petits poissons.

Longtemps chassée pour ses plumes fines, dont les « élégantes » ornaient leur chapeau, cette espèce a failli disparaître d'Europe au cours du XXe siècle, avant qu'elle ne soit protégée.

Rare sur la façade atlantique française jusque dans les années 1970, elle est apparue sur Ré en 1975. Nicheuse depuis 1984, ses effectifs ont augmenté rapidement pour atteindre plus de 250 couples en 2000 (population stable depuis plusieurs années). Elle se reproduit en colonies bruyantes dans de grands arbres (deux colonies sur Ré). Présente toute l'année.

H. Roques

Aigrette garzette à l'affût.

Le Tadorne de Belon *(Tadorna tadorna)* L : 58-67 cm ; P : 500-1 500 g : E : 90-115 cm

H. Roques

Gros canard bariolé, il a le corps noir et blanc et un large collier brun-roux. La tête et le cou sont vert foncé. Bec rouge. Les deux sexes sont presque semblables : le mâle arbore, au printemps, une caroncule sur le bec alors que la femelle a la base du bec blanche.

Il se nourrit de petits invertébrés aquatiques et d'algues. Une de ses particularités tient à son habitude de faire son nid dans les terriers de lapins. Cette caractéristique le conduit parfois loin des marais, jusque dans les dunes ou en pleine forêt.

Il est abondant sur l'île de Ré au printemps (plus de 400 couples nicheurs). Dès le mois de juillet, la plupart des tadornes adultes d'Europe, dont les individus rétais, vont muer sur les rivages du nord de l'Allemagne. Les jeunes de l'année sont alors groupés en crèches, ou nurseries, sous la surveillance de quelques adultes restés sur place. A partir de septembre, les premiers adultes reviennent en compagnie de congénères nordiques.

E. Barbelette

Omniprésent au printemps dans les marais, le Tadorne de Belon (ici un mâle) est l'emblème de la Réserve naturelle de Lilleau des Niges.

Le Canard colvert *(Anas platyrhynchos)* L : 50-65 cm ; P : 700-1 500 g ; E : 80-90 cm

C. Aussaguel

Couple de Canards colverts.

C'est le plus commun des canards européens. Le mâle, en plumage nuptial, a la tête vert bouteille, un collier blanc et une large tache rousse sur la poitrine. La cane est brun tacheté, ce qui lui permet de se dissimuler dans la végétation lorsqu'elle couve. Comme la plupart des canards, il se nourrit de graines, de racines et de plantes aquatiques.

C'est un nicheur régulier dans les marais. En hiver, un millier d'individus fréquentent le Fier d'Ars.

Espèce voisine

Le Canard souchet (*Anas clypeata*). Tête verte, poitrine blanche et flancs brun-roux chez le mâle. Femelle brunâtre. Bec long et aplati très caractéristique. Nicheur rare dans les marais, mais des hivernants (80 à 250 selon les années) fréquentent la Réserve naturelle d'octobre à mars.

Le Busard des roseaux *(Circus aeruginosus)* L : 48-56 cm ; P : 400-1 100 g ; E : 110-130 cm

Rapace nonchalant de la taille d'une buse, il survole son territoire à faible hauteur et plane avec les ailes remontées en forme de « V ». Le mâle, en plumage typique, est tricolore (marron, blanc et gris), mais dans le sud de la France (et sur Ré), la plupart des mâles sont marron avec le dessus de la tête crème et ressemblent aux femelles.

Plus maraudeur que chasseur, il capture des animaux blessés ou malades, mais ne dédaigne pas les rongeurs ni les jeunes oiseaux aquatiques.

M. Quéral

Entre 15 et 20 couples nichent chaque année (d'avril à août) dans les herbes hautes des marais salants. Les individus rétais semblent sédentaires, mais des migrateurs nordiques passent chaque année.

Contrairement à la plupart des rapaces, le Busard des roseaux fait son nid au sol. Ses pattes allongées lui permettent de se déplacer parmi les herbes hautes.

E. Barbelette

Avec ses allures de petite cigogne, l'Échasse blanche se nourrit en eau peu profonde. 

L'Echasse blanche *(Himantopus himantopus)* L : 35-40 cm ; P : 140-290 g ; E : 70-80 cm

Paraissant fragile sur ses longues pattes rouges, l'échasse ne peut être confondue avec aucune autre espèce. Le mâle et la femelle, noir et blanc, sont presque semblables (le mâle a le plumage plus noir que la femelle).

Elle se nourrit de larves d'insectes aquatiques et de crustacés qu'elle picore dans l'eau en fléchissant gracieusement ses longues pattes.

Le nid est installé dans une petite dépression du sol, sur un îlot ou parmi la végétation rase des marais. Il est garni de petits cailloux ou de débris de coquillages permettant aux quatre œufs de se confondre avec le milieu. A peine éclos, les poussins quittent le nid et sont capables de se nourrir seuls, sous la surveillance de leurs parents.

La population nicheuse rétaise oscille entre 30 et 100 couples selon les années.

Grande migratrice, elle arrive en mars-avril pour établir ses petites colonies, et repart entre juillet et septembre pour passer l'hiver en Afrique de l'Ouest.

L'Avocette élégante *(Recurvirostra avosetta)* L : 42-45 cm ; P : 220-435 g ; E : 75-80 cm

De la taille d'une mouette mais haute sur pattes. Le plumage blanc bariolé de noir et son long bec mince recourbé vers le haut marquent d'emblée. Mâle et femelle sont semblables.

Elle se nourrit de minuscules crustacés qu'elle capture en sabrant l'eau peu profonde avec son bec entrouvert. Grâce à ses pattes semi-palmées (fait rare chez les Limicoles*), elle nage aisément.

Toujours vigilante, elle niche en colonies sur les diguettes ou les îlots d'anciens marais salants (50 à 100 couples selon les années).

Dès la fin de la période d'élevage des jeunes (dans le courant de l'été), les avocettes quittent l'île de Ré et vont muer sur les vasières du nord des Pays-Bas. Elles reviennent au mois de novembre, accompagnées de congénères nordiques, pour passer l'hiver en nombre important (700 à 1 800) sur les vasières de la Réserve naturelle.

E. Barbelette

Avocette élégante.

Le Chevalier gambette *(Tringa totanus)*

L : 27-29 cm ; P : 85-190 g ; E : 45-62 cm

Limicole élancé, de la taille d'une tourterelle avec des grandes pattes rouges (il est localement surnommé « pieds rouges »). Au printemps, le plumage est brun-gris tacheté de noir. Plus pâle en hiver. En vol, il se distingue de tous les autres chevaliers par ses barres blanches à l'arrière des ailes. Sexes identiques.

Son alimentation se compose de vers marins, de petits crustacés et de mollusques. Durant la parade nuptiale, le mâle poursuit à pied sa compagne et fait vibrer ses ailes pour la séduire. Il établit son nid rudimentaire au sol dans la végétation herbacée des marais salants. Les quatre œufs sont couvés par les deux conjoints qui se relaient régulièrement. Les nicheurs rétais (10 à 20 couples) sont sédentaires, mais des oiseaux nordiques viennent passer l'hiver (jusqu'à 700 individus) sur les vasières du Fier d'Ars et de la Fosse de Loix.

Espèce voisine

Le Chevalier arlequin *(Tringa erythropus)*. Proche cousin du gambette. Il s'en distingue par le bec plus long et l'absence de barres blanches sur les ailes (en vol). Plumage très clair (presque blanc) en hiver, noir au printemps. Migrateur de passage. Quelques hivernants.

E. Barbelette

H. Roques

En période d'élevage des poussins, le Chevalier gambette se perche en évidence pour surveiller sa progéniture.

Le Vanneau huppé *(Vanellus vanellus)* L : 28-31 cm ; P : 130-330 g ; E : 70-76 cm

E. Barbelette

Vanneau huppé femelle. La huppe est plus courte que celle du mâle.

De loin, cet oiseau de la taille d'un pigeon paraît noir et blanc. A la faveur d'un bon éclairage, on remarque les superbes teintes vert sombre irisé de pourpre du dos et des ailes. Le dessous de la queue, souvent peu visible, est rouge orangé. Le mâle a une longue huppe effilée en arrière de la tête (celle de la femelle est plus courte). En vol, le contraste noir et blanc des larges ailes arrondies est typique.

En hiver, il fréquente assidûment les terres cultivées et les bosses pâturées, souvent en petites troupes. A cette période de l'année, les vers de terre constituent la base de son alimentation. Pour les capturer, il tapote délicatement et fait vibrer le sol avec une patte pour faire sortir le ver imprudent. Au printemps, il se nourrit d'insectes et de larves.

Quelques couples (10 à 15) nichent sur les bosses rases des marais salants, dans les prairies humides ou les champs cultivés.

En migration (généralement en octobre-novembre) et en hiver, des oiseaux nordiques stationnent sur Ré, notamment lors de vagues de froid.

La Sterne pierregarin *(Sterna hirundo)*

L : 31-35 cm ; P : 80-175 g ; E : 77-90 cm

Surnommée « hirondelle de mer », elle ressemble à une petite mouette effilée. Sa queue est longue et fourchue. Son bec est rouge corail avec une petite pointe noire. Les pattes sont rouges. Sexes identiques. Après un vol stationnaire à quelques mètres de la surface de l'eau, elle plonge en piqué pour capturer de petits poissons. Au printemps, le mâle présente des poissons en offrande à une femelle pour l'attirer sur son territoire.

Elle niche sur Ré depuis 1976 (120 couples en 2001), généralement sur les diguettes ou les îlots des marais endigués. Très sensible aux dérangements sur les sites de nidification, elle peut déserter la colonie dès qu'un intrus s'en approche. Grande migratrice, elle arrive sur Ré en avril et repart en août-septembre pour passer l'hiver le long des côtes d'Afrique.

E. Barbelette

▲ Le bec rouge à pointe noire permet de distinguer la Sterne pierregarin.

Espèce voisine

La Sterne caugek *(Sterna sandvicensis)*. Plus grande que la pierregarin. Bec noir à pointe jaune. Ne niche pas sur Ré mais y transite (avril-mai puis août-septembre) pour passer l'hiver sur les côtes africaines, jusqu'en Afrique du Sud. Quelques individus hivernent. (Non illustré.)

La Gorgebleue à miroir *(Luscinia svecica)* L : 14 cm ; P : 13-23 g ; E : 20-22 cm

Ce magnifique passereau de la famille du rouge-gorge est le joyau des marais rétais. Le mâle a la gorge bleu vif avec une petite tache blanche au centre (appelée miroir). La femelle est plus terne. Chez les deux sexes, la queue est bordée de roux.

Dès son retour de migration, le mâle se poste en évidence sur une branche de tamaris ou un piquet de clôture, et égrène son chant mélodieux pour marquer son territoire. Le nid est construit au sol, sous une souche d'arbre mort ou dans une touffe d'herbe, souvent près de l'eau. Il se nourrit de petits insectes capturés à terre. Dès le milieu de l'été, le mâle mue et perd sa belle gorge bleue. Il ressemble alors beaucoup à sa compagne.

La population rétaise est une des plus importantes du littoral atlantique français (environ 150 couples). Il arrive en mars et nous quitte en septembre (hiverne en Afrique du Nord et au Portugal).

Le mâle de Gorgebleue à miroir chante au sommet des buissons pour délimiter son territoire.

H. Roques

H. Roques

Avec son bec en forme de harpon, le Martin-pêcheur capture des petits poissons.

Le Martin-pêcheur

(Alcedo atthis)

L : 16-17 cm ; P : 34-46 g ; E : 24-26 cm

A peine plus gros qu'un moineau, c'est l'un des oiseaux les plus colorés de nos contrées. Le dos et les ailes sont bleu turquoise, le ventre roux orangé. La tête est volumineuse et le bec long, épais et pointu. Sexes semblables.

Son cri aigu et sonore permet souvent de le repérer car, volant très rapidement, il n'est souvent qu'un éclair bleu et orange au ras de l'eau (d'où son surnom de « flèche bleue »).

Plutôt solitaire, il se perche sur une branche ou un piquet au-dessus de l'eau, d'où il plonge jusqu'à 1 m de profondeur pour capturer de petits poissons.

S'il ne niche pas sur l'île de Ré, des oiseaux nordiques sont présents (de juillet à mars) dans les marais et sur les côtes.

La Bergeronnette printanière *(Motacilla flava)* L : 17 cm ; P : 14-20 g ; E : 23-25 cm

H. Roques

Petit passereau au corps élancé et avec une longue queue, elle est souvent surnommée « petite bergère » en raison de son habitude à se nourrir parmi les troupeaux de moutons. Le mâle, aisément reconnaissable, a le ventre jaune vif. Comme chez de nombreux oiseaux nichant au sol, la femelle est plus terne, ce qui lui permet de se dissimuler quand elle couve. Le nid, finement garni de crin et de laine, est construit dans une touffe d'herbe.

Elle se nourrit surtout d'insectes et d'araignées qu'elle capture exclusivement au sol. Nicheuse commune dans les marais rétais, elle revient d'Afrique en avril et repart en septembre.

Le mâle de Bergeronnette printanière se perche fréquemment sur un piquet ou un buisson d'où il chante pour marquer et défendre son territoire.

L'Anguille *(Anguilla anguilla)*

L : jusqu'à 1 m (femelle) ; P : jusqu'à 3 kg

Poisson aux mœurs mystérieuses, l'Anguille mène une vie mouvementée qui commence et s'achève au beau milieu de l'Atlantique Nord. Nées dans les profondeurs de la mer des Sargasses (au nord des Antilles), les larves atteignent les côtes européennes après deux ans et 6 000 km de dérive dans l'océan. Après avoir grandi dans les marais et les étangs d'Europe, une fois adulte (à l'âge de 15 ans), elles retournent, guidées par un mystérieux sens de l'orientation, dans la mer qui les a vu naître. Elles y pondent alors pour la première fois de leur vie puis y meurent.

De nombreuses menaces (barrages, pollutions, braconnage des alevins, appelés *civelles* ou *pibales* en charentais) pèsent sur les populations d'anguilles qui se sont raréfiées dans toute l'Europe.

C. Guihard

Craignant la lumière, l'Anguille se cache dans des trous ou sous des algues durant la journée.

Les feuilles de l'Obione.

L'Obione

(Halimione portulacoides)

Ce petit arbrisseau forme des peuplements très denses dans les prés salés et au bord des marais salants. Ses feuilles vert pâle, de forme ovale, sont comestibles. Les tiges, fortement ramifiées, atteignent au maximum 50 cm et les fleurs, jaunâtres, se développent de juillet à septembre. Il est commun sur une grande partie du littoral français.

La Salicorne d'Europe

(Salicornia europaea)

Apparaissant vers le mois d'avril dans les marais, cette plante grasse présente des rameaux semblant dépourvus de feuilles. En août-septembre, elle arbore de minuscules fleurs jaunes. Elle disparaît en hiver.

Plante culinaire bien connue des marais salants atlantiques, elle est riche en vitamine C, en calcium et en iode. Elle est couramment consommée, crue dans du vinaigre blanc comme condiment, ou cuite comme légume.

La Moutarde noire

(Brassica nigra)

Caractéristique des digues et des bosses des marais salants, la moutarde sauvage fleurit en avril-mai (fleurs jaunes). A cette époque de l'année, son abondance confère au marais une esthétique certaine. Les petites graines noires contenues dans les fruits, lorsque la plante est sèche, servent de condiment et possèdent de nombreuses vertus thérapeutiques.

La Moutarde noire fleurit en avril-mai.

À la fin de l'été et en automne, les Salicornes se teintent de pourpre.

La Salicorne est également appelée haricot ou cornichon de mer.

Le Maceron cultivé

(Smyrnium olusatrum)

Cette ombellifère potagère (de la famille de la carotte) est assez commune sur le littoral français. Particulièrement abondant sur l'île de Ré, le maceron atteint 1 m de haut. Semblable à un gros radis noir, la racine est comestible. Elle faisait, dit-on, le régal de Charlemagne qui la consommait en beignets.

Les graines du Maceron, vertes au printemps, deviennent noires en été en séchant.

Vasières et prés salés ▶

Pour les habitants comme pour la faune, c'est la mer qui rythme l'activité. A marée basse, de nombreux oiseaux de rivage, comme les Limicoles, se nourrissent sur les riches vasières du Fier d'Ars. Lorsque la mer monte, repoussés par les flots, ils trouvent refuge derrière les digues, notamment celles de la Réserve naturelle, où ils se reposent et se toilettent en attendant la prochaine marée basse.

Dans les secteurs les mieux abrités du Fier, les sédiments apportés par les courants marins s'accumulent et finissent par constituer des « hauts-fonds ». Ces zones, souvent recouvertes par la mer, sont colonisées par des plantes pionnières, mi-terrestres, mi-aquatiques : c'est le domaine du pré salé ou schorre.

▲ Les vasières de la baie de Rivedoux et le pont.

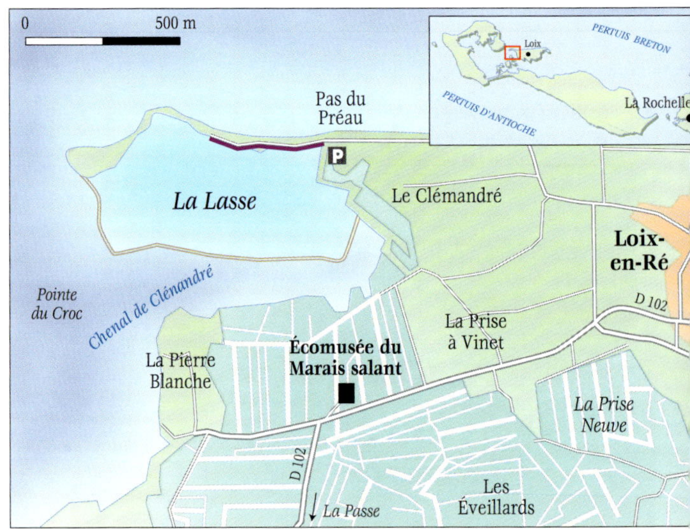

ITINÉRAIRE DE DÉCOUVERTE

LA POINTE DE LA LASSE *(Loix-en-Ré)*

Située à l'entrée du Fier d'Ars et faisant face au bois de Trousse-Chemise, la pointe de La Lasse est une langue de terre endiguée, constituée notamment de galets. Elle sépare deux milieux bien distincts : un estran rocheux occupé par des parcs à huîtres côté Pertuis Breton, des vasières et des prés salés côté Fier d'Ars. De nombreux oiseaux, principalement des Anatidés (canards et bernaches) et des Limicoles, peuvent y être aisément observés.

DÉPART > Pas du Préau (début de la digue).
DISTANCE > 1 km (aller-retour).
CONDITIONS > Printemps/été, le matin et le soir. Automne/hiver, 2 h avant et après la marée haute.

◀ Les prés salés de la pointe de la Lasse. Au fond, le clocher d'Ars-en-Ré.

La Spatule blanche

(Platalea leucorodia)

L : 80-90 cm ; P : 1 700-2 000 g ; E : 115-130 cm

Grand échassier blanc avec un long bec noir aplati en forme de cuillère, jaune à l'extrémité. Au printemps, elle se pare d'une magnifique huppe tombant sur la nuque. Elle vole le cou tendu à la manière des grues et des cigognes. Elle se nourrit en agitant latéralement son bec tactile entrouvert dans l'eau tout en avançant. Son alimentation se compose essentiellement de crustacés (crevettes).

Chaque année, des individus en provenance des Pays-Bas ou de Loire-Atlantique font escale sur Ré lors de leurs migrations (février-mai puis août-octobre). Elle hiverne principalement en Espagne et en Afrique. En hiver, 5 à 10 individus sont présents dans la Réserve naturelle ou sur les vasières du Fier. L'île de Ré est l'un des rares sites européens à accueillir l'espèce en hivernage.

E. Barbelette

La Spatule blanche est assez farouche et se laisse difficilement approcher.

La Bernache cravant *(Branta bernicla)* L : 56-61 cm ; P : 1 100-1 600 g ; E : 100-110 cm

Petite oie marine très sociable, elle a l'avant du corps noir avec un petit collier blanc sur le cou. Le ventre est gris fumée. En vol, le croupion blanc est très visible. Sexes semblables.

Elle se nourrit en bandes bruyantes, notamment d'une plante marine, la zostère. Son nom scientifique *bernicla* vient d'une légende qui voulait que cet oiseau naisse d'un coquillage bien connu : la bernique (ou chapeau chinois).

C'est l'oiseau caractéristique du Fier d'Ars et des côtes rétaises en hiver. En effet, l'île de Ré en accueille chaque hiver entre 10 000 et 15 000 (troisième site français après le bassin d'Arcachon et la Réserve naturelle de Moëze-Oléron). Les premiers migrateurs arrivent dès la fin septembre. À partir du mois de février, les départs s'échelonnent et les derniers oiseaux quittent l'île fin avril pour rejoindre leur Sibérie natale.

Le petit collier blanc de la Bernache cravant est nettement visible à faible distance.

E. Barbelette

Vol de Bernaches cravants sur le Fier d'Ars.

H. Roques

Le Canard siffleur

(Anas penelope)

L : 45-51 cm ; P : 500-1 000 g ; E : 75-86 cm

Canard d'aspect plus rond que le colvert, le mâle a la tête roux vif avec le front ocre, la poitrine rose et le dos gris. La femelle est plus terne.

Présent d'octobre à mars (jusqu'à 300), ce canard brouteur se nourrit souvent en compagnie des Bernaches cravant et profite des débris de zostères arrachés par ces dernières. Il niche de l'Islande à la Russie.

E. Barbelette

Canard siffleur mâle.

Espèce voisine

Le Canard pilet (*Anas acuta*). Ce canard est très élégant avec sa longue queue pointue. La tête du mâle est brun chocolat. La femelle est plus terne. Présent d'octobre à mars (200 à 400 chaque hiver). Originaire de Scandinavie et de Russie.

Le Bécasseau variable *(Calidris alpina)* L : 16-20 cm ; P : 35-70 g ; E : 38-43 cm

A peine plus gros qu'un moineau, c'est l'un des plus petits Limicoles. Comme son nom l'indique, la couleur du plumage varie selon les saisons. Au printemps, son corps rondelet est brun-roux tacheté de noir avec une tache noire bien visible sur le ventre. En automne et en hiver, le dessus du corps est brun-gris et le ventre devient blanc. Le bec, assez long, est légèrement arqué. Sexes semblables.

Il se déplace souvent en bandes nombreuses pouvant compter plusieurs milliers d'individus. Les évolutions aériennes de ces troupes compactes sont spectaculaires par leurs brusques changements de direction, leurs descentes et ascensions rapides.

Comme la plupart de ses cousins de la vasière, il se nourrit de vers marins, de mollusques et de crustacés.

Présent toute l'année, c'est cependant en hiver qu'il est le plus abondant sur nos côtes. L'île de Ré est un des principaux sites pour l'hivernage de l'espèce en France (entre 8 000 et 17 000). Les oiseaux observés sur Ré sont originaires du Groenland, de Sibérie et de Scandinavie.

Vol de Bécasseaux variables.

H. Roques

Bécasseau variable en plumage d'hiver.

Le Courlis cendré

(Numenius arquata)

L : 50-60 cm ;
P : 500-1 300 g ;
E : 80-100 cm

C'est le plus grand représentant de la famille des Limicoles. Plumage beige tacheté de brun. Le cou et les pattes sont longs. Sexes semblables. La caractéristique principale du courlis est son très long bec recourbé, qui lui permet de sonder la vase et de capturer des vers marins, ainsi que différents mollusques et crustacés. Son cri, flûté et mélancolique, lancé fréquemment sur la vasière ou en vol, trahit de loin sa présence et lui a valu son nom.

Il ne se reproduit pas sur Ré, mais peut s'y observer toute l'année, souvent en troupes compactes. Le maximum des effectifs est noté de juillet à avril, avec la présence des migrateurs de passage et des hivernants (environ 1 000 individus). Il niche en Europe du Nord et dans quelques régions françaises (Alsace, Centre-Ouest…).

E. Barbelette

Le bec du Courlis cendré peut mesurer jusqu'à 15 cm de long.

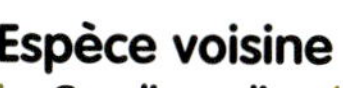

Espèce voisine

Le Courlis corlieu (*Numenius phaeopus*). Plus petit que le Courlis cendré. Bec plus court. De nombreux individus, originaires de Scandinavie et de Sibérie, stationnent sur les plages et les vasières au cours de leurs migrations (avril-mai puis juillet-septembre). Hiverne sur les côtes d'Afrique tropicale.

Le Pluvier argenté

(Pluvialis squatarola)

L : 27-30 cm ; P : 160-320 g ; E : 70-83 cm

Limicole de la taille d'une tourterelle. Au printemps, le plumage, bien reconnaissable, est moucheté de noir, de gris et de blanc. Le ventre et le cou sont noir charbon. En hiver, il est plus terne (brun cendré tacheté de blanc). Bec noir court. Sexes identiques.

Il se nourrit de vers marins et de petits crustacés. Sa recherche de nourriture s'effectue de manière saccadée : il court puis s'arrête un instant pour observer, picore, puis reprend son exploration.

Hivernant (1 000 à 2 300) et migrateur de passage, il peut être observé toute l'année avec une prédominance durant les mois d'hiver. Les oiseaux visibles sur Ré sont originaires des toundras de Russie.

E. Barbelette

Pluvier argenté en plumage d'hiver.

Barge à queue noire en plumage nuptial.

E. Barbelette

La Barge à queue noire *(Limosa limosa)* L : 40-44 cm ; P : 160-360 g ; E : 70-82 cm

Grand Limicole haut sur pattes avec un très long bec droit, elle a au printemps un beau plumage roux sur le devant du corps et sur la tête. En hiver, elle est plus terne (corps gris-brun). La large bande noire sur la queue et les barres alaires blanches sont de bons critères pour l'identifier en vol. Sexes semblables.

Très sociable, elle est également assez farouche. Sa vigilance naturelle est d'ailleurs rassurante pour d'autres Limicoles qui apprécient sa compagnie. Son long bec lui sert à sonder la vase pour en extraire des vers marins et différents mollusques.

Hivernante (400-1 200) et migratrice de passage (certaines hivernent en Afrique) en provenance d'Islande et des Pays-Bas, elle peut s'observer une grande partie de l'année, mais plus régulièrement en hiver.

Espèce voisine

La Barge rousse (*Limosa lapponica*). Légèrement plus petite que la Barge à queue noire. Plumage brun-roux au printemps, brun-gris et blanc en hiver. Long bec mince légèrement retroussé. Hivernants (400-600) et migrateurs de passage d'août à mai. Niche de la Laponie à la Sibérie.

Barge rousse en plumage nuptial.

Barge rousse en plumage d'hiver.

N. Vrignaud

La Coque *(Cerastoderma edule)*

Ce mollusque bivalve bien connu s'enfouit dans le sable, à faible profondeur. La Coque a un système de siphon qui affleure la surface du sédiment pour filtrer l'eau, et fonctionne à la fois comme un tuba pour respirer et comme un périscope pour surveiller. Pour se déplacer, elle utilise son pied très robuste qu'elle sort de sa coquille et remue d'avant en arrière. Sous l'eau, elle peut faire des bonds de 20 cm et ainsi fuir ses prédateurs, comme les étoiles de mer.

Lorsqu'elle est dérangée, la Coque se referme brusquement en expulsant de l'eau.

Le Ver arénicole

(Arenicola marina)

Ver fouisseur d'une vingtaine de centimètres de long, il creuse une galerie en forme de « U ». Il avale le sable, puis le rejette tout en digérant les éléments nutritifs qui s'y trouvent. Facilement repérable grâce aux tortillons laissés sur le sable, il constitue la proie favorite de nombreux oiseaux, comme les courlis.

N. Vrignaud

L'indice de la présence de l'arénicole : un tortillon laissé sur la vase.

K. Vennel

Herbier de Zostère naine.

La Lavande de mer

(Limonium vulgare)

H. Roques

Les petites fleurs bleu violacé de cette plante vivace sont typiques et apparaissent en été. Selon les régions, elle porte des noms différents et parfois poétiques : statice, limonium, saladelle, lilas de mer, immortelle bleue.

En raison d'une cueillette excessive pour la réalisation de bouquets séchés, elle se fait de plus en plus rare dans les marais du Fier. Ne la cueillez pas, admirez-la !

Contrairement à la vraie lavande, la Lavande de mer n'est pas odorante.

La Zostère naine

(Zostera noltii)

Dans les secteurs les plus abrités du Fier d'Ars, cette plante à fleur ressemblant à une algue étale ses longues lanières (évoquées par son nom grec *Zoster* : ceinture). Elle mesure jusqu'à 20 cm de long et forme de véritables prairies sous-marines. Ces herbiers sont des lieux de ponte et de refuge très importants pour la faune marine. La zostère constitue par ailleurs la base de l'alimentation de la bernache cravant. Depuis quelques années, les herbiers à zostères se raréfient dans le Fier.

A l'extérieur du Fier, une espèce plus grande, la **Zostère marine** *Zostera marina*, s'est fortement raréfiée en raison d'une maladie qui a touché l'espèce dans tout l'Atlantique Nord vers 1930 (non illustré).

H. Roques

La Spartine maritime

(Spartina maritima)

Cette graminée à feuilles vert sombre peut atteindre 50 cm de haut. Le rhizome (tige souterraine) est puissant, permettant à la plante de résister à l'arrachage par la marée.

Plante pionnière par excellence, elle est la première colonisatrice du pré salé. Véritable piègeuse de sédiments, elle est également à l'origine de l'accumulation des vases qui ont permis la formation des marais maritimes du Fier d'Ars.

La Spartine maritime peut former de vastes prairies sur les prés salés.

Estran rocheux

L'estran est la partie du rivage découverte à marée basse. Deux fois par jour, l'océan recouvre et découvre l'estran (ou platier) rocheux.
Pour les Rétais, qui n'étaient pas réellement des marins, mais plutôt des paysans de la mer, l'estran rocheux constituait autrefois une source d'alimentation très importante. Poissons et coquillages, pêchés dans les écluses à poissons, permettaient à la population, vivant dans la hantise de la famine, de survivre. Les écluses (ou pêcheries) sont de vastes pièges à poissons en forme de fer à cheval. Réalisées en pierres sèches elles sont connues dans l'île de Ré depuis près de mille ans. Alors que l'on comptait encore cent quarante écluses à la fin du XIXe siècle, il n'en restait que huit en 1995.

H. Roques

Vue de l'estran à marée basse et de l'écluse « Moufette ». Au large, le phare des Baleineaux.

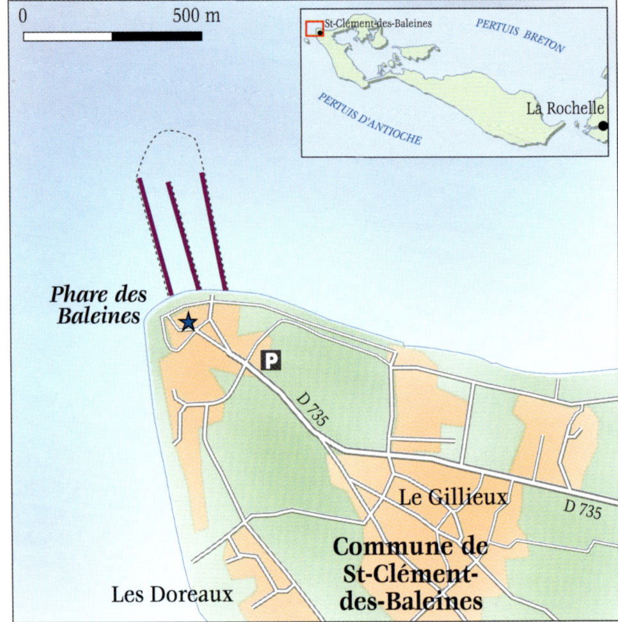

ITINÉRAIRE DE DÉCOUVERTE

ESTRAN ROCHEUX DU PHARE DES BALEINES

(Saint-Clément-des-Baleines)

Au pied de la tour de l'ancien phare et de la digue, les rochers de la pointe des Baleines et l'écluse « Moufette » abritent, à marée basse, de nombreuses espèces animales et végétales caractéristiques de l'estran rocheux atlantique. La présence de cuvettes d'eau permanentes permet à ces espèces de survivre en attendant la prochaine marée haute.

Les droits de pêche dans les écluses se transmettent de génération en génération. Il est donc interdit de pêcher dans les écluses et sur les murs. Merci de respecter ce patrimoine.

DÉPART > Parking du phare.
DISTANCE > Variable (pas d'itinéraire précis).
CONDITIONS > Toute l'année, à marée basse ou descendante. Prévoir des bottes.

Le mur de l'écluse « Moufette » au pied du phare des Baleines.

Le bec puissant de l'Huîtrier-pie lui permet d'ouvrir les coquillages les plus récalcitrants.

L'Huîtrier-pie *(Haematopus ostralegus)* L : 40-45 cm ; P : 400-740 g ; E : 80-86 cm

De la taille d'un pigeon, il se reconnaît aisément à son corps trapu, son plumage noir et blanc (d'où son surnom de « pie de mer »), ses longues pattes et son long bec rouges. Sexes semblables.

Il chasse à vue, mais aussi au toucher grâce à son bec tactile. Contrairement à ce que son nom laisse supposer, les huîtres ne constituent qu'une infime part de son alimentation, majoritairement composée de vers marins, de moules et de coques. Pour ouvrir les coquillages, il utilise son bec, véritable outil, tantôt comme marteau, tantôt comme ciseau et levier et en extrait la chair en écartant les valves.

Il ne se reproduit pas sur Ré, mais peut y être observé toute l'année. L'essentiel des effectifs est présent d'août à avril avec le passage des migrateurs nordiques et le séjour des hivernants (1 000-1 500 chaque hiver).

Le Grand Cormoran *(Phalacrocorax carbo)* L : 80-100 cm ; P : 1 700-3 200 g ; E : 120-150 cm

C. Guihard

▲ Après chaque plongée, le Grand Cormoran étale ses ailes pour les faire sécher.

Grand oiseau noir au corps allongé et au long bec épais, crochu à l'extrémité. Les jeunes sont plus bruns avec le ventre blanchâtre. En vol, le cou allongé est caractéristique. Sexes identiques.

Il se nourrit exclusivement de poissons qu'il capture en plongeant (jusqu'à 10 m de profondeur) depuis la surface de l'eau, grâce notamment à ses fortes pattes palmées. Après chaque plongée, il se repose sur un rocher ou sur un arbre mort et déploie ses ailes pour se faire sécher au vent, car le plumage des ailes et de la queue est perméable et s'imbibe d'eau comme une éponge.

S'il ne niche pas sur l'île de Ré, il peut néanmoins s'y observer toute l'année. L'effectif maximum est noté en hiver (1 000) avec l'arrivée d'oiseaux en provenance du Danemark et de Grande-Bretagne.

E. Barbelette

▲ Grand Gravelot.

Le Grand Gravelot

(Charadrius hiaticula)

L : 18-20 cm ; P : 35-80 g ;
E : 40-46 cm

De la taille d'un gros moineau au corps rondelet. Le dos est brun et le ventre est blanc avec un large collier noir sur la poitrine. Bandeau noir sur la tête. Bec court et pattes orangées. Sexes semblables.

Insectes, vers marins et petits mollusques qu'il picore en courant nerveusement sur la grève constituent la base de son alimentation.

Migrateur de passage (hiverne jusqu'en Afrique de l'Ouest) et hivernant (jusqu'à 500), il est visible toute l'année sur Ré mais n'y est pas nicheur. L'essentiel des effectifs s'observe d'août à mai. Il se reproduit dans le nord de l'Europe, au Canada et au Groenland.

Espèces voisines

Le **Petit Gravelot** (*Charadrius dubius*). Ressemble au Grand Gravelot mais a les pattes jaunâtres et un cercle jaune vif autour de l'œil. Il établit son nid au sol, dans les débris de coquillages des marais salants (5 à 10 couples nicheurs sur Ré) où ses œufs se confondent avec le milieu naturel. Migrateur, il arrive en mars et repart en septembre pour passer l'hiver le long des côtes d'Afrique occidentale (non illustré).

Le **Gravelot à collier interrompu** (*Charadrius alexandrinus*). Plus pâle que ses deux cousins. Comme le précédent, il niche dans les marais salants (5 à 10 couples). Sa migration est identique à celle du Petit Gravelot.

▶ 

Le Tournepierre à collier *(Arenaria interpres)* L : 22-24 cm ; P : 75-195 g ; E : 44-49 cm

Petit Limicole au corps trapu, de la taille d'un étourneau. Pattes rouge orangé. Bec court, noir et épais. Le plumage varie en fonction des saisons. En plumage nuptial, le dos est roux vif et noir, le ventre blanc avec un plastron noir. En automne et en hiver, après la mue, le dos est brun-noir, la tête et le plastron sont noirs, le ventre est blanc. Sexes semblables. Comme son nom l'indique, il se nourrit en explorant les cailloux ou les algues échouées qu'il retourne vigoureusement avec son front et son bec (il peut ainsi déplacer des pierres supérieures à son propre poids) pour débusquer crustacés et petits mollusques. Il s'associe fréquemment avec le Grand Gravelot, avec lequel il se dispute sans cesse l'espace à prospecter. Migrateur de passage (certains passent l'hiver en Afrique) ou hivernant, il est présent de juillet à mai. Il niche dans les toundras du Groenland, du Canada et de Sibérie.

Tournepierre à collier. ▶

E. Barbelette

N. Vrignaud

Les colonies de Balanes constituent un ciment naturel qui protège les murs des écluses à poissons.

H. Roques

Patelles communes.

La Balane

(Semibalanus balanoides)

Contrairement à ce que son apparence pourrait laisser croire, elle est classée parmi les crustacés, au même titre que la crevette.

Sa carapace est constituée de plaques qui se ferment à marée basse pour retenir un peu d'eau. Quand la mer monte, les plaques s'écartent et laissent sortir des appendices plumeux qui filtrent le plancton dont elle se nourrit. Elle se fixe sur toutes sortes de supports : rochers, coques de bateaux et parfois même sur le dos des grandes baleines.

La Patelle commune

(Patella vulgata)

Plus connue sous le nom de « chapeau chinois » ou « bernique », elle possède une curieuse coquille conique qui peut être plus ou moins usée en fonction de l'agitation du rivage. Pour brouter les algues microscopiques à marée haute, elle s'éloigne jusqu'à 1 m de son rocher. Elle revient à marée basse au même emplacement (en suivant une traînée de mucus), qui correspond exactement au contour de sa coquille et forme une empreinte sur le rocher.

Le Bigorneau

(Littorina littorea)

C'est un cousin marin des escargots « petits gris » des jardins. Il se nourrit d'algues, qu'il broute sur les rochers à marée haute. A marée basse, il rentre dans sa coquille, qu'il ferme hermétiquement avec son opercule (petite membrane dure).

Ses œufs sont groupés dans des capsules et se transforment en larves en six jours. Après deux semaines de vie planctonique, les larves tombent sur le fond et se transforment en jeunes bigorneaux.

N. Vrignaud

Le Bigorneau est localement surnommé « guignette » ou « brigaud ».

Le Bouquet

(Palaemon serratus)

Il est également appelé « crevette rose » car il rosit à la cuisson. C'est la plus grosse crevette de nos côtes. Il se nourrit de débris animaux et végétaux et joue ainsi un rôle d'éboueur de la mer.

Comme les insectes, les crevettes ont des yeux composés de milliers de petites facettes qui leur permettent de voir dans toutes les directions. Elles ne voient cependant que des images floues et quelques couleurs seulement, mais perçoivent très bien les variations d'intensité de la lumière et les mouvements.

C. Guihard

Le Bouquet est la plus grosse crevette de nos côtes.

N. Vrignaud

L'Actinie rouge

(Actinia equina)

C'est l'anémone de mer la plus commune sur la côte atlantique française. A marée basse, elle se ferme pour retenir de l'eau et se déploie à marée haute.

Lorsqu'une proie (petits vertébrés aquatiques et déchets organiques) touche ses tentacules, des cellules urticantes lui inoculent un poison qui la paralyse. La proie est alors saisie par les nombreux tentacules qui la dirigent vers la bouche.

Pour se déplacer, l'Actinie rouge rampe comme une limace à une vitesse de 10 cm/h.

L'Huître creuse

(Crassostrea gigas)

Mollusque bivalve bien connu des gourmets, elle se nourrit d'animaux et végétaux microscopiques filtrés à l'aide de ses branchies. Elle peut changer de sexe d'une année sur l'autre. En été, la femelle libère plusieurs millions d'œufs. Après quelques semaines de vie planctonique, les larves rampent et se fixent sur un support.

Jusqu'à la fin du XIXe siècle, une autre espèce, l'huître plate, était présente à l'état naturel autour de l'île de Ré. Les huîtres plates ne suffisant plus à la consommation humaine, on introduit une huître creuse, l'huître portugaise. Décimée par une maladie en 1967, elle est remplacée à son tour par la variété japonaise. C'est cette huître creuse qui est désormais élevée et consommée sur l'île de Ré.

Des bancs d'Huîtres creuses sauvages se sont développés sur les rochers.

H. Roques

N. Vrignaud

Accouplement de Crabes verts.

Le Crabe vert

(Carcinus maenas)

Il est surnommé également « crabe enragé » en raison de son caractère combatif. Sa couleur peut varier du vert olive au vert foncé, mais certains individus sont de teinte plus rouge.

Il a une alimentation très variée (mollusques, crustacés, petits poissons, déchets organiques).

Sa carapace est dure et l'empêche de grandir normalement. Il va donc muer dès qu'il se trouve à l'étroit. Durant cette mue, sa nouvelle carapace est molle, ce qui l'oblige à se cacher sous un rocher ou des algues pour échapper aux prédateurs en attendant que son armure durcisse.

Pour s'échapper, il peut également se mutiler volontairement une patte. Cette dernière repoussera à la mue suivante. C'est pourquoi on observe parfois des crabes dotés d'une pince plus courte que l'autre.

H. Roques

L'Ulve

(Ulva lactuca)

Surnommée « laitue de mer » en raison de sa forme et de sa couleur, c'est une des algues les plus communes de nos côtes. Elle n'est pas très exigeante et peut se développer dans les zones où la salinité est diminuée par des apports d'eau douce. Elle est fréquente dans les flaques laissées à marée basse. On ne la rencontre pas en profondeur car elle a besoin de capter un maximum de lumière.

Comme de nombreuses variétés d'algues, elle est parfois utilisée dans l'alimentation humaine. Elle contient des vitamines A et C, ainsi que du fer en quantités assez importantes.

Les Ulves, comme leurs cousines les Entéromorphes, sont à l'origine des « marées vertes », notamment sur les côtes bretonnes.

H. Roques

Lorsque la vigne recouvrait une grande partie de l'île de Ré, les algues (appelées varech ou sart) servaient d'engrais aux agriculteurs qui les répandaient dans les champs.

N. Vrignaud

Le Fucus vésiculeux

(Fucus vesiculosus)

Cette algue brune très commune que l'on trouve a l'étal de tous les poissonniers possède, comme son nom l'indique, des vésicules remplies d'air. Elles agissent comme de véritables bouées lui permettant de rester en surface et de capter les rayons du soleil. Le nombre de vésicules est en rapport avec l'agitation de l'eau. Elles sont nombreuses dans les zones calmes et moins nombreuses dans les endroits les plus agités.

Le Fucus vésiculeux est parfois utilisé en diététique, en thérapeutique et en cosmétologie.

La Laminaire digitée

(Laminaria digitata)

C'est la plus grande algue de nos côtes avec ses longues lanières qui peuvent atteindre 2 m. Elle se développe dans les zones rocheuses, n'émergeant que lors des marées basses de fort coefficient. Elle possède, à la base, un crampon charnu terminé par des griffes qui lui permettent de s'accrocher aux rochers.

Elle est utilisée dans l'industrie alimentaire pour fabriquer certains produits comme les crèmes glacées. Elle est également utilisée dans l'élaboration de crèmes et laits de beauté.

La Laminaire digitée s'échoue souvent sur le rivage lorsqu'elle est arrachée de son rocher.

H. Roques

Plages et dunes

La plage, formée par le sable apporté par les courants marins, serait dépourvue de vie si la mer n'y déposait régulièrement une masse de déchets végétaux (algues) ou animaux (fragments de coquillages). Ces laisses de mer permettent à toute une communauté vivante de se développer et aux premiers végétaux de se fixer en haut de plage.

Les dunes proprement dites, premiers remparts contre l'érosion, se divisent quant à elles en une succession de milieux parallèles au rivage : la dune mobile, la dune fixée et la dune boisée.

Balayées par les vents et les embruns, sujettes au piétinement et à la sécheresse estivale, elles semblent peu propices au développement de la vie. Pourtant, quelques animaux et de nombreuses plantes vivent dans ce milieu apparemment hostile et ont dû déployer des trésors d'ingéniosités pour s'adapter et survivre.

ITINÉRAIRE DE DÉCOUVERTE

LES DUNES DU LIZAY

(Saint-Clément-des-Baleines et Les Portes-en-Ré)

Egalement appelées dunes de la Conche des Baleines, elles sont gérées par l'Office National des Forêts. On y rencontre le cortège habituel des plantes de dunes mobiles et fixées. Soumises à une forte érosion et à une forte fréquentation estivale, les parcelles les plus proches de la mer ont été clôturées afin d'éviter le piétinement et de freiner l'érosion.

DÉPART > Parking de Couny.
DISTANCE > 1 km.
CONDITIONS > Le matin (d'avril à juillet) pour la flore.
A marée montante (de septembre à mars) pour les oiseaux sur la plage.

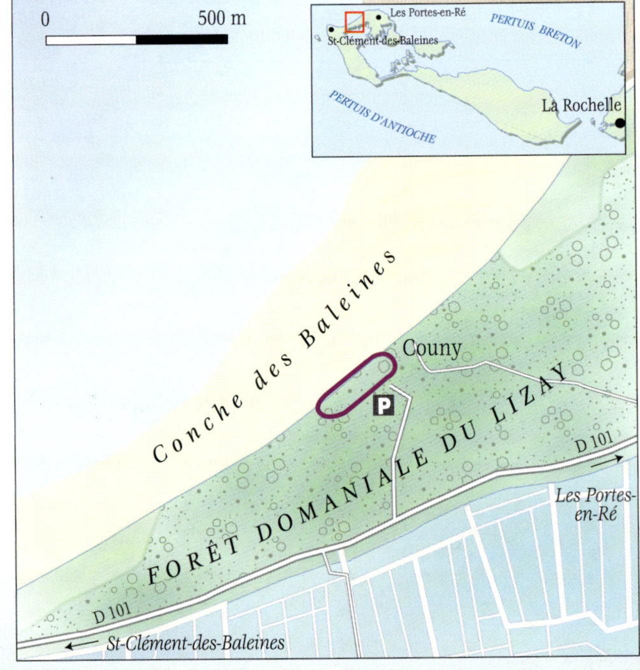

Vue de la Conche des Baleines et des dunes du Lizay. A droite, le phare des Baleines.

E. Barbelette

Le Goéland argenté ▲

(Larus argentatus)

L : 55-60 cm ; P : 700-1 200 g ; E : 130-145 cm

« Grosse mouette », avec laquelle il est souvent confondu, le goéland est l'oiseau caractéristique du littoral. L'adulte a un corps gris et blanc avec le bout des ailes noir. Bec jaune puissant avec une tache rouge dessous. Les pattes sont couleur chair. Sexes identiques. Les jeunes, appelés « grisards », sont entièrement brun tacheté et ne prendront le plumage adulte qu'à l'âge de 4 ans.

En raison de son opportunisme, ses populations se sont développées de manière importante sur le littoral, trouvant dans les décharges d'ordures ménagères une source de nourriture inépuisable et variée. En dehors des décharges, il se nourrit de poissons, de crustacés, de coquillages, d'œufs ou de jeunes oiseaux.

Nicheur sur Ré depuis 1984 (1 couple), sa population a crû considérablement et atteint 1 300 couples en 2001. Il niche en colonies, principalement dans les anciens marais salants. Présent toute l'année.

Le Goéland brun ▼

(Larus fuscus)

L : 51-60 cm ; P : 500-1 000 g ; E : 128-145 cm

Légèrement plus petit que le Goéland argenté. Le dos et les ailes sont sombres, presque noirs, quand il est adulte. Pattes jaunes. Sexes identiques. Les jeunes ressemblent aux jeunes Goélands argentés. Ses mœurs sont très proches de celles de son cousin, avec lequel il partage d'ailleurs les sites de nidification. Il se nourrit principalement en mer et profite des rejets des chalutiers dans les Pertuis.

Les effectifs nicheurs ont également augmenté ces dernières années (500 couples en 2001).

Certains individus semblent être migrateurs et hiverner en Afrique, mais l'île de Ré accueille en hiver des oiseaux originaires de la mer du Nord et de la Baltique.

Espèces voisines

Le Goéland leucophée (*Larus cachinans*). Proche cousin du Goéland argenté, il s'en distingue par ses pattes jaunes. Sédentaire, environ 50 couples nichent dans les marais (non illustré).

▲ Le Goéland marin (*Larus marinus*). Le plus grand de la famille (160 cm d'envergure). Ressemble à un gros Goéland brun. Une vingtaine de couples nichent dans les marais.

La petite tache rouge située sous le bec des goélands, comme chez le Goéland brun, fait office de distributeur de nourriture. En effet, lorsqu'il a faim, le poussin tape sur la tache rouge du bec de ses parents pour les inciter à régurgiter la nourriture. ▶

E. Barbelette

E. Barbelette

▲ **Mouette rieuse en plumage nuptial.**

◀ **Mouette rieuse en plumage d'hiver.**

E. Barbelette

La **Mouette rieuse**

(Larus ridibundus)

L : 34-37 cm ; P : 250-400 g ; E : 90-105 cm

Beaucoup plus petite que le goéland (taille d'un gros pigeon), elle revêt, au printemps, un capuchon brun chocolat typique. Le dos est gris pâle. Le bec et les pattes sont rouges. Dès le milieu de l'été et en hiver, après la mue, la tête devient blanche avec un petit point noir en arrière de l'œil. Sexes semblables.

Beaucoup moins liée au littoral que les goélands, la Mouette rieuse niche en colonies bruyantes et animées. Son alimentation est très variée : vers de terre qu'elle capture en suivant les tracteurs dans les labours, insectes, mollusques, poissons et déchets divers.

Installée récemment sur l'île de Ré (1992), la population nicheuse atteint environ 50 couples en 2001. Visible toute l'année, elle est surtout abondante de juillet à mars, lorsque des individus d'Europe du Nord viennent passer la mauvaise saison sur Ré.

Le **Bécasseau sanderling**

(Calidris alba)

L : 20-21 cm ; P : 45-75 g ; E : 36-39 cm

Petit échassier menu, avec un plumage blanc et gris (tache noire sur l'épaule), le sanderling court rapidement et nerveusement en groupes compacts sur la plage, à la limite des vagues. Il s'y nourrit surtout de talitres (puces de mer).

Il est présent en migration et en hivernage (d'août à mai), en provenance des toundras de Sibérie et du Groenland.

H. Roques

L'**Escargot des dunes**

(Theba pisana)

Les nombreux petits escargots blancs ou rayés de noir que l'on observe en été sur les dunes ou dans les marais appartiennent à plusieurs espèces. Pour fuir le sol brûlant de l'été, ils se réfugient au sommet des tiges des plantes où ils forment des grappes compactes pouvant compter plusieurs dizaines d'individus. Là, ils fabriquent avec leur bave un opercule qui ferme la coquille, gardant ainsi l'humidité en attendant la nuit ou la prochaine pluie pour aller se nourrir de végétaux.

▲ **La couleur blanche des escargots des dunes leur permet de réfléchir les ardents rayons du soleil.**

E. Barbelette

◀ **Malgré sa petite taille, le Bécasseau sanderling est un grand migrateur.**

H. Roques

L'Oyat est le premier rempart face à l'érosion des dunes.

L'Oyat

(Ammophila arenaria)

Son nom scientifique (*ammo* : sable ; *phila* : qui aime) indique clairement sa préférence pour la dune mobile. Grâce à son vaste réseau de racines pouvant atteindre 3 m, à la flexibilité de ses feuilles et à son adaptation au sel et à la sécheresse, il est un acteur important de stabilisation du sable. Fréquemment planté par l'homme, il joue un rôle majeur de protection de la dune et du littoral contre les effets de l'érosion.

L'Immortelle des dunes

(Helichrysum stoechas)

C. Guihard

Cette plante adaptée aux milieux secs pousse en touffes plus ou moins dressées sur la dune fixée. Les tiges, couronnées de fleurs jaune pâle, peuvent atteindre une trentaine de centimètres de haut. La floraison a lieu de juin à octobre. C'est une espèce méditerranéenne, remontant sur la façade atlantique française en raison du climat favorable. Son odeur caractéristique évoquant celle du curry indien embaume la dune lors des chaudes journées estivales.

L'Immortelle des dunes est caractéristique des pelouses d'arrière-dune.

Le Liseron soldanelle

(Calystegia soldanella)

Contrairement à son cousin le liseron des jardins, il ne s'enroule pas et ne grimpe pas sur d'autres plantes. Les tiges couchées rampent sur le sable et s'étalent longuement. Les grandes fleurs roses rayées de blanc ont la forme d'un entonnoir et fleurissent de juin à août. Ces fleurs éphémères attirent de nombreux insectes pollinisateurs.

H. Roques

Les fleurs arrondies en forme de pièce de monnaie (« sols » en vieux français) ont valu son nom au Liseron soldanelle.

L'Œillet des dunes

(Dianthus gallicus)

Cette plante aux pétales roses découpés en fines lanières fleurit de fin mai à septembre. Sa beauté et son parfum suave sont à l'origine de sa raréfaction dans l'île de Ré, en raison de nombreux arrachages destinés aux jardins. Endémique des côtes atlantiques françaises et espagnoles (c'est-à-dire qu'il n'existe nulle part ailleurs dans le monde), c'est une espèce protégée au niveau national. Ne le cueillez pas, merci.

Œillets des dunes.

C. Guihard

C. Guihard

Le Panicaut maritime, encore appelé « chardon bleu ».

Le Panicaut maritime

(Eryngium maritimum)

Inféodé à la dune mobile, et malgré son apparence, le panicaut n'est pas un véritable chardon. Il appartient à la famille des ombellifères, dont il porte les fruits caractéristiques. Ses belles teintes bleutées le font rechercher pour la confection de bouquets secs. Il est pourtant protégé car il est devenu très rare. Comme bon nombre de plantes des dunes à racines profondes, c'est aussi un excellent fixateur de la dune.

Bois et landes

Le territoire de l'île de Ré a été longtemps couvert par une forêt naturelle primitive, où vivaient des animaux qui en ont aujourd'hui disparu (sangliers, blaireaux, cerfs).

A partir du XIIe siècle commence le recul de la forêt, défrichée pour laisser place aux cultures (notamment la vigne qui va couvrir jusqu'à 6 000 ha en 1880). Seuls quelques arbres épars agrémentent alors un paysage monotone.

Il faut attendre le milieu du XXe siècle et le déclin du vignoble pour voir la forêt regagner une partie du territoire perdu dans les secteurs de landes du sud de l'île.

Dans les zones littorales, la plantation de résineux (pins, cyprès) au début du XXe siècle a pour fonction de protéger la côte de l'érosion.

ITINÉRAIRE DE DÉCOUVERTE

LE BOIS DES EVIÈRES

(Le Bois-Plage, Sainte-Marie-de-Ré)

Le secteur des Evières, propriété du Conservatoire de l'Espace Littoral, et son prolongement à l'ouest vers le bois des Bragauds, présente une grande originalité, compte tenu de la relative uniformité paysagère de l'île. Ce site, typique des paysages de déprise agricole, est constitué de bois (pins maritime et parasol, chêne vert), de clairières, de pelouses d'arrière dune et de quelques zones cultivées (vigne notamment).

DÉPART > Route des Evières.
DISTANCE > Variable (pas d'itinéraire précis).
CONDITIONS > Le matin, de préférence au printemps.

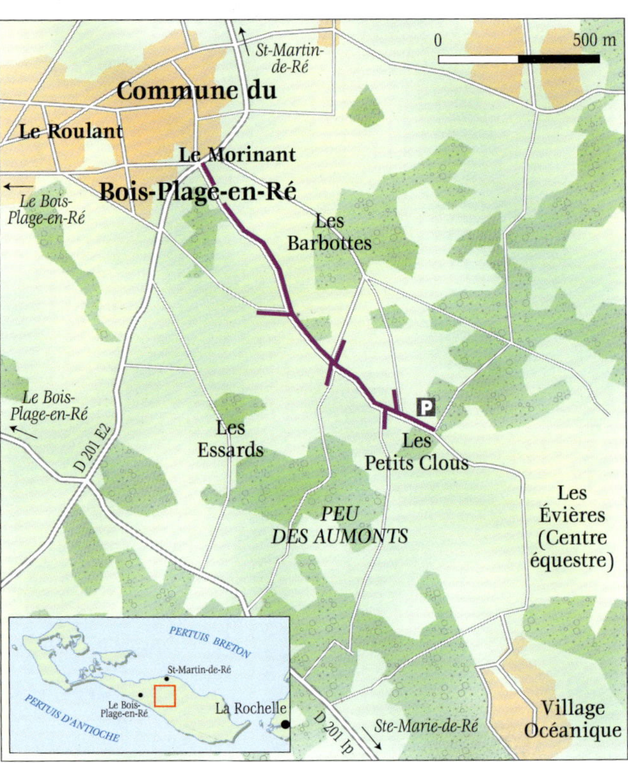

H. Roques

▲ **Paysage de landes et de vignes aux Evières.**

Le Milan noir *(Milvus migrans)*

L : 47-55 cm ; P : 630-940 g ; E : 135-155 cm

C. Aussaguel

Rapace d'aspect sombre avec une queue assez longue et légèrement échancrée. Sexes identiques. Chasseur nonchalant, souvent charognard, il pratique le vol à voile dans les courants d'air chaud, d'où il repère des proies faciles (poissons morts ou malades, cadavres d'animaux au bord des routes, rongeurs). Il fait son nid dans de grands arbres (22 couples nicheurs en 2000), souvent en colonies lâches. Grand migrateur, il revient d'Afrique tropicale en mars-avril et repart en juillet-août.

Espèce voisine

La Buse variable (*Buteo buteo*). De la taille du Milan noir. Coloration très variable selon les individus (généralement brun foncé tacheté de blanc). Queue arrondie en vol. Présente toute l'année (23 couples nicheurs en 2000).

Buses variables. ▶

Le Faucon crécerelle

(Falco tinninculus)

L : 32-35 cm ; P : 135-300 g ; E : 71-80 cm

Petit rapace commun au corps mince et à la queue longue et étroite. D'aspect roux et noir, le mâle se distingue de la femelle notamment par sa tête grise.

Lorsqu'il chasse les petits rongeurs ou les insectes, il pratique le vol sur place caractéristique de l'espèce (on dit qu'il fait le « Saint-Esprit »), sa queue étalée lui servant alors de gouvernail. La recherche de nourriture l'amène à fréquenter tous les types de milieux (dunes, marais, cultures, bords de routes…).

Pour nicher, il utilise de vieux nids de pies ou de corneilles, le plus souvent dans des arbres. Une centaine de couples nichent sur l'île de Ré. Sédentaire.

P. Chefson

▲ Faucon crécerelle femelle.

▲

Espèce voisine

L'Épervier d'Europe (*Accipiter nisus*). Souvent confondu avec le crécerelle. Corps élancé, ailes larges et arrondies. Il capture des petits oiseaux en vol en se faufilant rapidement et adroitement entre les arbres. Sédentaire (moins de 10 couples nicheurs sur l'ensemble de l'île).

C. Guihard

▲ **Le Hibou moyen-duc se rencontre principalement dans les bois de conifères.**

Le Hibou moyen-duc

(Asio otus)

L : 35-37 cm ; P : 220-370 g ; E : 90-100 cm

Rapace nocturne au corps allongé, le moyen-duc arbore deux longues aigrettes (souvent confondues avec les oreilles) au sommet de la tête. Le plumage est brun-gris tacheté de roux. Sexes semblables. Durant la journée, il se cache, immobile contre un tronc d'arbre, le plus souvent un résineux. Sa présence est seulement trahie par un amas de pelotes de rejection* tombées au pied de l'arbre et contenant des restes de rongeurs.

Il ne construit pas de nid mais utilise des vieux nids de pies ou de corneilles. Avant même de savoir voler, les jeunes, encore duveteux, se déplacent de branche en branche et appellent fréquemment leurs parents d'un cri plaintif et lancinant aisément reconnaissable.

Présent toute l'année, c'est le rapace nocturne le plus commun sur Ré (environ 80 couples nicheurs).

Hypolaïs - S. Nicolle

Espèce voisine

Le Petit-duc scops (ou Hibou petit-duc) (*Otus scops*). Plus petit que le moyen-duc. Chasse les sauterelles. Nicheur (15 à 20 couples) présent d'avril à août (passe l'hiver en Afrique). ▶

H. Roques

La Huppe fasciée

(Upupa epops)

L : 26-28 cm ; P : 40-100 g ; E : 42-46 cm

Surnommé localement « puppu », cet oiseau très coloré, de la taille d'un gros merle, a un étonnant plumage fauve orangé, rayé de noir et de blanc. Elle possède une huppe érectile s'ouvrant en éventail, qui lui a valu son nom. Sexes semblables. En vol, ses ailes larges et arrondies lui donnent une allure de grand papillon. Elle est plutôt solitaire et fréquente les jardins où elle sonde de son long bec recourbé le sol meuble à la recherche de proies. Elle se nourrit d'insectes (papillons, chenilles, courtillières...). Son nid, installé dans un trou d'arbre mort ou une cavité de vieux mur, dégage une odeur nauséabonde, destinée à éloigner les prédateurs. Environ 50 couples nicheurs sur Ré (semble en diminution).

◀ **Migratrice en provenance d'Afrique, la Huppe fasciée arrive en mars-avril et repart en août-septembre.**

Le Tarier pâtre

(Saxicola torquata)

L : 13 cm ; P : 13-17 g ; E : 18-21 cm

Petit passereau dont le mâle a la poitrine et les flancs roux orangé vif. La tête est brun-noir avec une large tache blanche de chaque côté du cou. La femelle est plus terne.

Il se nourrit d'insectes et d'araignées. Le nid est construit au sol, parmi la végétation herbacée. Son nom de pâtre lui vient de son habitude à se percher systématiquement au sommet des buissons, souvent dans les prés où paissent les moutons.

Sensibles aux vagues de froid, les populations peuvent diminuer considérablement lors d'hivers rigoureux. Sédentaire.

C. Guihard

Tarier pâtre mâle. ▲

L'Engoulevent d'Europe

(Caprimulgus europaeus)

L : 25-30 cm ; P : 70-100 g ; E : 54-60 cm

Longtemps resté mystérieux en raison de ses mœurs crépusculaires, l'engoulevent a un plumage tacheté et rayé de marron, de brun et de roux. Sexes semblables. Son corps allongé aux couleurs ressemblant à une écorce lui permet de se camoufler dans la journée, immobile au sol parmi les feuilles mortes. Dès la tombée de la nuit, il chasse les papillons nocturnes qu'il gobe en vol grâce à son bec qui s'ouvre très largement.

Le nom savant *caprimulgus* (*capra* : chèvre ; *mulgeo* : traire) fait référence à une vieille croyance qui voulait que cet oiseau profite de la nuit pour traire les chèvres.

Migrateur, il est présent d'avril à septembre (hiverne en Afrique) et niche au sol.

Engoulevent d'Europe. ▶

C. Aussaguel

E. Barbelette

Le Renard roux chasse principalement grâce à son ouïe très développée.

Le Renard roux

(Vulpes vulpes)
L : 120-140 cm ; P : 6-7 kg

Avec sa silhouette élancée, son pelage brun-roux et sa queue touffue, il est facilement identifiable. Cependant, ses mœurs nocturnes rendent son observation difficile dans la journée, où il se tient à l'abri dans les fourrés ou dans son terrier. Il se nourrit essentiellement de petits rongeurs, de lapins et de jeunes oiseaux, mais également de fruits et d'insectes.

Introduit accidentellement sur l'île de Ré dans les années 1950, il fréquente les boisements et les marais, mais reste peu abondant.

Le Lézard vert

(Lacerta viridis)
L : 20-30 cm

Facilement reconnaissable à son dos vert et sa grande taille, il affectionne les terrains chauds où il aime s'exposer, immobile, aux rayons du soleil. De novembre à mars, il hiverne dans une cavité ou sous une racine. Au printemps, les mâles se livrent des combats acharnés pouvant occasionner de graves blessures. Après l'accouplement, la femelle pond une vingtaine d'œufs dans un terrier creusé dans le sol. Il se nourrit de gros insectes, d'araignées et de petits mollusques.

C. Guihard

Le Lézard vert grimpe volontiers dans les arbustes pour se nourrir. Il nage également très bien.

Le Chêne vert *(Quercus ilex)*

Egalement appelé Yeuse, il est caractéristique des régions méditerranéennes. Il est répandu naturellement dans l'île de Ré depuis fort longtemps, grâce au climat favorable qui y règne en hiver. Contrairement aux autres variétés de chênes qui perdent leurs feuilles à la mauvaise saison, celles du Chêne vert sont persistantes. Ces dernières peuvent être légèrement épineuses et ressembler aux feuilles du houx.

H. Roques

Balayés par les vents, les Chênes verts situés sur le littoral ont des formes tortueuses.

Le Ciste à feuilles de sauge

(Cistus salvifolius)

Sous-arbrisseau pouvant atteindre 50 cm de haut, avec des fleurs blanches tachées de jaune à la base (floraison en mai-juin). Il affectionne les bois sablonneux où il pousse en touffes. Il est surtout présent à Trousse-Chemise. C'est une espèce méditerranéenne qui remonte sur la côte atlantique jusque dans l'île de Noirmoutier.

Une espèce voisine, le **Ciste hirsute** *Cistus psilosepalus*, est présente dans le bois de Trousse-Chemise. Dans le monde, il n'existe que dans la péninsule Ibérique et en quelques secteurs de la côte atlantique française (non illustré).

H. Roques

Ciste à feuilles de sauge.

Index

Lexique

Fier : vaste baie marine semi-fermée de 800 ha, le Fier d'Ars subit l'influence des marées. l'origine du nom, peut-être *fjord*, est soumise à controverses.

Limicole : famille des petits échassiers de rivage (bécasseaux, courlis, pluviers…).

Pelote de rejection : petite boule contenant les matières non digérées (os, poils, élytres…) régurgitée par le bec chez les rapaces nocturnes.

Pertuis : bras de mer. Du latin *perthus* (porte).

Saunier : désigne la personne qui récolte le sel. Appelé paludier en marais guérandais et à Noirmoutier.

En première de couverture :

Echasse blanche, (voir p. 7).
Le mur de l'écluse « Moufette » (voir p.18).

Bibliographie

N. Vray, *L'Ile de Ré*, Editions Ouest-France, 32 p.

A. Mauxion, *Les Oiseaux des marais*, Editions Ouest-France, 32 p.

G. Bentz, *Les Oiseaux du bord de mer*, Editions Ouest-France, 32 p.

P. Bouchet et R. von Cosel, *Les Coquillages des côtes françaises*, Editions Ouest-France, 32 p.

C. Lemoine, *Les Fleurs du bord de mer*, Editions Ouest-France, 32 p.

F. Charron, *Ambiances naturelles et faune de l'île de Ré* (CD), Ed. Frémeaux.

A voir… A visiter…

Maison du Fier : Située dans un ancien hangar à sel du vieux-port des Portes-en-Ré, propriété du Conservatoire de l'Espace Littoral, la Maison du Fier, gérée par la Ligue pour la Protection des Oiseaux en relation avec la Communauté de communes, propose des expositions sur la faune et la flore, la formation de l'île ou les paysages fondateurs du Fier d'Ars. Salle de projection, bibliothèque, expositions d'artistes, boutique nature, sorties découverte, animations enfants…
LPO, Maison du Fier, Route du Vieux-Port,
17880 Les Portes-en-Ré - Tél./Fax 05 46 29 50 74.

Réserve naturelle de Lilleau des Niges (voir page 4) : LPO, Maison du Fier, 17880 Les Portes-en-Ré - Tél./Fax 05 46 29 50 74.
http://lilleau.niges.reserves-naturelles.org

Ecomusée du Marais salant : Route de La Passe,
17111 Loix-en-Ré - Tél. 05 46 29 06 77.

Maison du Platin : Avenue du Front-de-Mer,
17630 La Flotte-en-Ré - Tél./Fax 05 46 09 61 39.

Association de Défense des Ecluses à Poissons de l'Ile de Ré (ADEPIR) : Renseignements : Office de tourisme,
17740 Sainte-Marie-de-Ré - Tél. 05 46 30 22 92.

Musée Ernest-Cognacq : 13 avenue V.-Bouthillier,
17410 Saint-Martin-de-Ré - Tél. 05 46 09 21 22.

Autres adresses

Ligue pour la Protection des Oiseaux (LPO, siège national) :
Corderie Royale, BP 263, 17305 Rochefort Cedex
Tél. 05 46 82 12 34.
www.lpo-birdlife.asso.fr - E-mail : lpo@lpo-birdlife.asso.fr

Conservatoire de l'Espace Littoral (CEL) : Corderie Royale,
BP 137, 17305 Rochefort Cedex - Tél. 05 46 84 72 50.

Office National des Forêts (ONF) : 19 rue Forestière,
17590 Saint-Clément-des-Baleines - Tél. 05 46 29 42 39.

En quatrième de couverture :

Huîtrier-pie (voir p. 19).
Ciste à feuilles de sauge (voir p. 31).
Martin-pêcheur (voir p. 10).

Remerciements

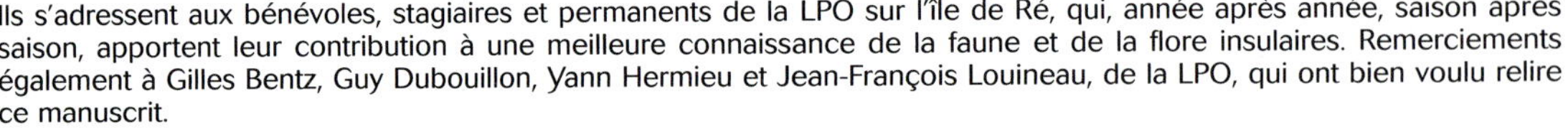

Ils s'adressent aux bénévoles, stagiaires et permanents de la LPO sur l'île de Ré, qui, année après année, saison après saison, apportent leur contribution à une meilleure connaissance de la faune et de la flore insulaires. Remerciements également à Gilles Bentz, Guy Dubouillon, Yann Hermieu et Jean-François Louineau, de la LPO, qui ont bien voulu relire ce manuscrit.

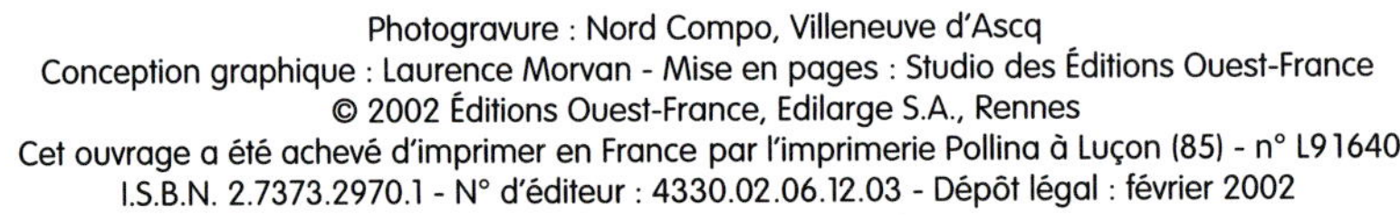

Photogravure : Nord Compo, Villeneuve d'Ascq
Conception graphique : Laurence Morvan - Mise en pages : Studio des Éditions Ouest-France

Cet ouvrage a été achevé d'imprimer en France par l'imprimerie Pollina à Luçon (85) - n° L91640
I.S.B.N. 2.7373.2970.1 - N° d'éditeur : 4330.02.06.12.03 - Dépôt légal : février 2002